인종은 왕위에 오른 지 8개월 만에
세상을 떠났어요. 이어 왕이 된 명종은
너무 어려서 문정 왕후가 대신 나랏일을 했어요.
이때 죄 없는 사람들이 억울하게 죽임을
당하고, 간신들이 권력을 쥐고 있다 보니
백성들의 삶은 점점 어려워졌어요.
임꺽정과 같은 도적이 나타나기도 했지요.
자, 인종과 명종의 역사 속으로 들어가 볼까요?

추천 감수 **박현숙** (고대사)

고려대학교 사범대학 역사교육과를 졸업하고 동 대학원에서 문학박사 학위를 받았습니다. 현재 고려대학교 사범대학 역사교육과 교수로 재직 중이며, 백제 문화와 고대 인물사 등에 대한 활발한 연구를 계속하고 있습니다. 쓴 책으로 〈백제의 중앙과 지방〉, 〈한국사의 재조명〉 등이 있습니다.

추천 감수 **정구복** (고려사 · 조선사)

서울대학교 사범대학 역사교육과를 졸업하고 서강대학교에서 문학박사 학위를 받았습니다. 한국학중앙연구원 한국학대학원의 교수로 재직 중이며, 한국학중앙연구원 한국학대학원 원장을 역임하였습니다. 쓴 책으로 〈한국인의 역사 의식〉, 〈역주 삼국사기〉, 〈한국 중세 사학사 1, 2〉 등이 있습니다.

추천 감수 **김한종** (근현대사)

서울대학교 사범대학 역사교육과를 졸업하고 동 대학원에서 역사교육을 전공하여 문학박사 학위를 받았습니다. 현재 한국교원대학교 교수로 재직 중입니다. 쓴 책으로 〈역사 교육 과정과 교과서 연구〉, 〈역사 교육의 내용과 방법〉(공저), 〈한 · 중 · 일 3국의 근대사 인식과 역사 교육〉(공저), 〈역사 교육과 역사 인식〉(공저) 등이 있습니다.

고증 **문중양** (과학사)

서울대학교 계산통계학과를 졸업하고 동 대학원에서 이학박사 학위를 받았습니다. 쓴 책으로 〈우리 역사 과학 기행〉, 〈우리의 과학문화재〉(공저), 〈세종의 국가 경영〉(공저) 등이 있습니다.

고증 **정연식** (생활사 및 복식)

서울대학교 국사학과를 졸업하고 동 대학원에서 문학박사 학위를 받았습니다. 쓴 책으로 〈조선 시대 사람들은 어떻게 살았을까?〉(공저), 〈일상으로 본 조선 시대 이야기 1, 2〉 등이 있습니다.

글 **박영규**

1996년 밀리언셀러 〈한권으로 읽는 조선왕조실록〉을 출간한 이후 〈한권으로 읽는 고려왕조실록〉, 〈한권으로 읽는 백제왕조실록〉, 〈한권으로 읽는 신라왕조실록〉 등 '한권으로 읽는 역사 시리즈'를 펴내면서 쉽고 재미있는 역사책 읽기의 바람을 일으켰습니다. 그 외에도 〈교양으로 읽는 한국사〉 등의 많은 역사책을 썼습니다.

그림 **정은희**

중앙대학교에서 한국화를 공부하고 한국일러스트레이션학교(HILLS)에서 일러스트레이터 과정을 수료했습니다. 현재 프리랜서 일러스트레이터로 활동하고 있으며, 그린 책으로 〈해와 달이 된 오누이〉, 〈여정〉, 〈색깔 없는 세상은 너무 심심해〉, 〈슬기야, 안녕?〉 등이 있습니다.

이미지 제공

연합포토, 중앙포토, 국립중앙박물관, 국립부여박물관, 국립경주박물관, 국립민속박물관, 유연태(사진작가), 허용선(사진작가)

광개토 대왕 이야기 한국사 ㉚ 조선

문정 왕후에 휘둘린 왕들

총기획 및 발행인 박연환
발행처 (주)한국헤르만헤세
출판등록 제17-354호
연구개발원 경기도 성남시 분당구 금곡동 444-148
대표전화 (031)715-7722
팩스 (031)786-1100
본사 서울시 송파구 석촌동 7-3
대표전화 (02)470-7722
팩스 (02)470-8338
고객문의 080-715-7722
편집 임미옥, 백영민, 윤현주, 지수진, 최영란
디자인 장월영, 주문배, 김덕춘, 김지은

ⓒ Korea Hermannhesse

이 책의 표지는 일반 용지보다 1.5배 이상 고가의 고급 용지인 드라이보드지를 사용해 제작하였습니다. 표지를 드라이보드지로 제작하면 습기의 영향을 덜 받기 때문에 본문 용지가 잘 울지 않고, 모양이 뒤틀리지 않아 책을 오랫동안 보존할 수 있습니다.

이 책은 기존의 석유 잉크 대신 친환경 식물성 원료인 대두유 잉크를 사용하여 인쇄하였습니다. 대두유 잉크는 선진국에서 널리 사용하고 있는 고가의 대체 잉크로, 휘발성이 적어 인쇄 상태의 보존이 용이하고, 인체에 무해할 뿐만 아니라 눈에 부담을 주지 않는 자연스러운 색을 내는 특징이 있습니다.

문정 왕후에 휘둘린 왕들

감수 **정구복** | 글 **박영규** | 그림 **정은희**

한국헤르만헤세

효성이 지극한 인종

못된 문정 왕후와 착한 인종

제12대 왕 인종은 태어난 지 7일 만에 친어머니가 죽어

계모 문정 왕후의 손에 자랐어요.

인종은 문정 왕후를 친어머니처럼 모셨어요.

처음엔 문정 왕후도 세자를 잘 보살피고 깍듯하게 대했어요.

하지만 경원 대군을 낳더니 태도가 완전히 바뀌었지요.

'세자만 없으면 내 아들이 왕이 될 텐데, 세자가 너무 밉구나.'

문정 왕후는 인종이 왕이 된 뒤에도 몹시 괴롭혔어요.

"흥, 폐하는 결국 나와 경원 대군을 죽이고 말겠지요?"

대전까지 나와 이렇게 억지소리를 하곤 했어요.

그럴 때마다 인종은 고통스러워했어요.

'내가 얼마나 미덥지 않으면 저리 불안해하실까?'

문정 왕후는 인종이 세자로 있을 때 여러 번 죽이려고 했어요.

수십 마리의 쥐꼬리에 불을 붙여 동궁으로 들여보내기도 했고,

사람을 시켜 동궁에 불을 놓기도 했어요.

한번은 동궁에 불이 나자, 세자였던 인종은 문정 왕후의 짓임을

알고 일부러 앉아 타 죽으려 한 적도 있었지요.

'어머니께서 나를 이렇게 미워하시니, 죽는 것이 자식 된 도리이다.'

인종은 동궁전에서 꼼짝 않고 죽을 결심을 했어요.

그때 밖에서 중종이 다급하게 세자를 불렀어요.

"세자, 세자, 어디 있느냐? 빨리 나오거라, 세자!"

그제야 인종은 퍼뜩 정신을 차렸어요.

'지금 이 자리에서 내가 죽으면 아바마마께 불효가 되겠구나.'

인종은 이렇게 몇 번이나 죽을 고비를 넘기고 왕이 되었어요.

왕위에 오르자마자 기묘사화 때 피해를 당한 사람들을 다시

불러들이거나 그들의 명예를 되찾아 주었어요.

또한 성리학에 관심이 많았으므로 이언적과 유관 등

학식이 뛰어난 사람들을 불러들이기도 했어요.

한편 인종에 대한 문정 왕후의 미움은 끝날 줄을 몰랐어요.

문정 왕후는 자신의 아들인 경원 대군이
왕위에 오르지 못한 점을 너무나
분하게 여겼던 거예요.

하루는 인종이 문안을
드리러 대비전에 들렀는데,
문정 왕후가 평소와 달리
아주 반가운 표정으로
맞이했어요.

문정 왕후
정말 못됐다!

인종이
참 불쌍해!

"어마마마, 기쁜 일이 있으시옵니까? 안색이 아주 밝아 보이십니다."

"주상, 가까이 오세요. 친정에서 떡을 해 왔는데

아주 맛있습니다. 드셔 보세요."

인종은 기쁜 마음으로 아무 의심 없이 떡을 먹었어요.

그런데 그날부터 인종은 아프기 시작했어요.

그러고는 얼마 지나지 않아 목숨을 잃고 말았어요.

왕이 된 지 불과 8개월 만이었지요.

31세의 나이에 덕망 있고 인자했던 젊은 왕이 죽고 만 거예요.

6세에 세자가 된 인종은 효성이 깊고 현명했던 왕이에요.

하지만 계모의 미움으로 끝내 죽고 말았던 거예요.

인종이 죽자, 문정 왕후는 자신의 어린 아들 경원 대군을

왕으로 앉혀 나랏일을 제 마음대로 하기 시작했어요.

▲ 인종과 인성 왕후(인종의 비)가 묻혀 있는 효릉

효릉은 경기도
고양시에 있어.

치마폭에서 벗어나지 못한 명종

외척들이 권력을 쥐다

인종이 죽자, 1545년 7월에 12세의 어린 경원 대군이

왕위에 올랐는데, 그가 바로 명종이에요.

왕이 너무 어려 문정 왕후가 대신 나랏일을 살폈어요.

문정 왕후가 왕권을 쥐자, 곧 그녀의 친정 식구인

윤원로와 윤원형의 세상이 될 판이었어요. 조정 대신들은

외척이 마음대로 조정을 움직일까 봐 걱정했어요.

특히 윤원형의 형인 윤원로에 대한 불만이 컸어요.

어느 날, 윤인경과 유관 등이 문정 왕후와 명종을 찾아왔어요.

"간신 같은 무리가 왕실 내부를 이간질하고, 조정을

혼란스럽게 하고 있습니다. 그런 자를 처단하게 하소서."

"아니, 그런 자가 있는가? 누구인지 말해 보라."

문정 왕후가 이렇게 묻자, 잠시 숨을 고른 후 대답했어요.

"윤원로이옵니다. 윤원로는 선왕과 폐하의 사이를 벌려

놓았을 뿐만 아니라, 형제간의 우애를 깨뜨리려고 했습니다.

백성들이 윤원로의 행동에 분노하고 있사옵니다."

문정 왕후는 대신들이 도전하는 것 같아 화가 났어요.

그러나 백성들이 끊임없이 윤원로의 잘못을 떠들어대는 바람에
문정 왕후는 윤원로를 귀양 보낼 수밖에 없었어요.
"잠시만 고생하게. 눈에 거슬리는 대신들을 없앤 뒤
다시 조정에 들어오면 되네."
윤원형 역시 윤임을 없애 버릴 음모를 꾸몄어요. 윤원형은
편지를 한 장 쓴 후, 그 편지를 궁궐에 슬쩍 떨어뜨려 놓았어요.
윤임이 인종의 비인 인성 왕후에게 보내는 것처럼 꾸민 편지였어요.

**인성 왕후 마마, 소신 윤임의 조카이자 종친인 계림군을
왕으로 세우고자 하오니 부디 허락해 주시옵소서.**

이런 내용의 편지는 당연히 금세 발견되었어요.
문정 왕후는 이 편지를 빌미로 윤임은 물론, 윤원로의 죄를 들추어냈던
유관, 그리고 윤임과 친분이 있던 사림
세력 수십 명을 죽였어요.
이 사건을 '을사사화'라고 한답니다.
문정 왕후는 윤원형에게 모든
권력을 주었어요.
그리고 귀양 갔던
윤원로도 다시 한양으로
불러들였지요.

완전히 윤씨
세상이 되었구먼.

권력이
좋긴 좋은가 봐.

한양으로 올라온 윤원로는 길길이 날뛰었어요.

자신이 귀양 가 있는 사이에 동생 윤원형은 을사사화로 공신이

되었지만, 자신은 아무것도 얻지 못했으니까요.

윤원로는 문정 왕후를 찾아가 큰 소란을 피웠어요.

게다가 윤원형에 대한 못된 소문까지 퍼뜨리고 다녔어요.

참다 못한 윤원형이 조카 윤춘년을 불러서 일렀어요.

"형님을 처리해라. 저대로 두었다가는 나도 누님도 다칠 게야."

윤춘년이 윤원로에게 큰 벌을 내리라는 상소를 올리자,

문정 왕후는 기다렸다는 듯 윤원로를 귀양 보냈어요.

윤원형은 그래도 형의 해코지가 걱정되었는지,

부하들을 시켜 계속 윤원로에 대한 상소를 올리게 했어요.

"윤원로가 언제 반란을 일으킬지 모르오니 사약을 내리시옵소서."

1547년, 결국 문정 왕후는 윤원로에게 사약을 내렸어요.

사람들은 윤원형이 자신의 심복인 윤춘년을 시켜

자기 형을 죽인 것이라고 수군거렸지요.

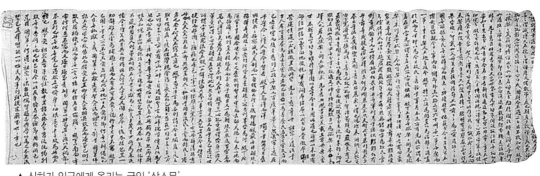

▲ 신하가 임금에게 올리는 글인 '상소문'

양재역 벽서 사건

1547년 9월, 전라도 여산의 양재역에 벽서 한 장이 붙었어요.

'위로는 여왕이 지배하고, 아래로는 간신이 권력을 휘두르니 나라는 곧 망할 것이다.'

사람들은 벽서 앞에 서서 수군거렸어요.

"맞는 말이지만 벽서를 쓴 사람은 목숨을 건지기 힘들겠구먼, 쯧쯧."

"그러게. 누군지 정말 겁 없는 사람이군."

그곳을 지나던 부제학 정언각이 한곳에 몰려 있는 사람들을 보고 하인에게 알아보게 했어요.

"저, 대비 마마에 대한 험담이……."

"뭐라? 어서 그 벽서를 가지고 오너라."

정언각은 벽서를 조정에 올렸어요.

조정이 발칵 뒤집혔지요. 누구의 짓인지 밝혀지면 또다시 궁에 피바람이 불게 생겼기 때문이에요.

벽서 소식을 들은 윤원형은 슬며시 미소를 지었어요.

조정에는 여전히 윤임 일파가 남아 있었고, 그들은 윤원형이 하는 일에 사사건건 훼방을 놓고 있었거든요.

윤원형은 이번 기회에 그들을 모두 없애기로 마음먹고 문정 왕후를 찾아갔어요.

15

"마마, 이 벽서는 윤임 일파가 한 짓이라 하옵니다.

아마도 백성들의 마음을 얻으려 한 것 같사옵니다."

문정 왕후는 불같이 화를 내며 당장 범인들을 잡아들이라 명령했어요.

"이 일을 제게 맡겨 주십시오. 제가 깨끗이 처리하지요."

문정 왕후의 허락을 받은 윤원형은 대신들을 한 명씩 만났어요.

"벽서는 대비 마마와 폐하를 우습게 여기는 윤임의 짓이라더군요.

그냥 두면 반란을 꾀하고도 남을 자들이 아니겠소?"

대신들은 윤원형에게 큰 화를 입을까 두려워 고개를 끄덕였어요.

"폐하, 윤임에게 큰 벌을 내리심이 마땅하옵니다.

그들은 벽서로 왕실을 더럽혔고, 나라에 큰 해를 끼쳤사옵니다."

이 사건으로 또다시 수십 명의 조정 대신들이 귀양을 갔어요.

윤원형은 이번 기회에 자신의 정적을 모두 쫓아내기로 결심하고

대사헌 송인수와 윤임의 사돈인 이약수까지 죽였어요.

이뿐만이 아니었어요.

"그들은 봉성군을 내세워 왕위를 노리고 있었사옵니다.

그들의 죄를 엄히 물어 왕실의 권위를 세우소서."

봉성군은 중종의 아들로 명종과는 배다른 형제였어요.

봉성군이 왕위를 노렸다고 하자 명종도 죽이라는 명을 내렸어요.

이렇게 해서 윤임 일파는 조정에서 모습을 감추게 되었어요.

이 사건은 모두 윤원형 일파가 꾸며 낸 일이었어요.

동생은 내가 챙겨야지!

양재역 벽서 사건으로 정적을 없앤 윤원형은 조정을
틀어쥐고 이조 판서가 되었어요. 얼마 후에는 그것도
모자라 우의정 자리까지 겸했어요.

권력을 좇은 여인, 정난정

하루는 문정 왕후가 명종과 신하들을 불렀어요.
"윤원형이 큰 공을 세웠건만 아직 나라에서 보답을 하지
못했소. 그러니 그의 첩에게서 얻은 자녀들은 특별히 다른
집 적자와 결혼할 수 있게 하는 것이 어떻겠소?"
그러자 윤원형과 가까운 이기가 말했어요.
"예로부터 나라에 공이 큰 신하의 첩 자녀에게
다른 집의 적자녀와 혼인할 수 있도록 한 경우가
있사옵니다. 폐하, 허락하소서."
그러나 명종은 아무 말도 하지 않았어요.
명종도 어느덧 18세의 청년으로 성장해 있었던
거예요. 명종은 언젠가 윤원형과 간신 이기를 모두
쫓아내리라 마음먹고 있었어요.
문정 왕후가 말한 윤원형의 첩 자녀는
그의 애첩 정난정이 낳은 자식들이었어요.

관비의 딸인 정난정은 기생이 되었다가 미천한 신분에서
벗어나기 위해 윤원형에게 다가가 그의 애첩이 되었어요.
"뭐야? 폐하가 허락하지 않았다고? 흥, 두고 보라지."
정난정은 궁궐을 드나들며 문정 왕후에게 바깥 사정을
알려 주고 있었기 때문에 문정 왕후가 무척 예뻐했어요.
"마마, 제 소원 좀 들어주세요. 전 정말 정부인이 되고 싶어요."
정난정은 애교가 가득한 목소리로 문정 왕후를 졸랐어요.
"음, 그래. 내가 그깟 소원 하나 못 들어 주겠느냐."
결국 문정 왕후와 윤원형은 정실부인인 김씨를 내쫓았답니다.
그 후 정난정은 정경부인의 자리에까지 올랐는데, 그것으로는
부족했는지 정실부인이었던 김씨를 죽이기까지 했어요.
정난정의 못된 행동은 거기서 그치지 않았어요.
상인들을 위협하여 돈을 뜯어냈으며, 수많은 뇌물을 받아
엄청난 부를 쌓았어요. 정난정의 이런 행실은
문정 왕후가 죽을 때까지 계속되었답니다.
1553년, 20세가 된 명종은 마침내 직접 나라를
다스렸어요. 하지만 문정 왕후는
이후에도 나랏일에 간섭하곤 했어요.
툭하면 명종을 불러 자기 뜻대로
나랏일을 주무르려고 했지요.

19

문정 왕후는 명종이 자신의 생각과 다른 결정을 하면 불만을
쏟아 냈고, 그래도 따르지 않으면 마구 화를 냈어요.
"상감, 그러면 안 됩니다. 왜 이 어미의 마음을 몰라주오?"
특히 왕비인 인순 왕후 심씨의 외삼촌 이량을 불러들여
문정 왕후의 속을 썩였어요.
사실 명종은 문정 왕후가 동생인 윤원형을 내세워 나라를 마구
흔드는 것이 못마땅했어요.
'내가 20세만 넘으면 윤원형을 내쫓고 왕의 권위를 세울 것이야!'
그래서 내세운 인물이 이량이었어요.
하지만 그 역시 자기 욕심을 채우기에 바빴어요.
문정 왕후는 명종에게 이량을 내칠 것을 요구했어요.
명종이 뜻을 굽히지 않자, 문정 왕후는 회초리로 종아리를 치고
뺨을 때리기까지 했어요.
그래도 명종은 문정 왕후의 말을 들어주지 않았어요.
"어마마마, 좋은 왕이 되려고 하니 믿어 주십시오."
한편 명종이 자신을 굳게 믿어 주자
이량은 권력을 마음대로 휘두르며 엄청난 뇌물을
받아 챙기기 시작했어요.
그러자 기대승과 허엽 등이 상소를 올려
이량의 죄를 들추어냈어요.

21

그제야 명종은 이량을 잘못 끌어들였다는 생각이 들었어요.

얼마 후에는 이량의 조카인 심의겸마저 이량을 내치라고 말했어요.

"이량은 저의 외숙부이지만 권력과 재물을 탐하는 자이옵니다.

그런 자를 그냥 두면 조정에 간신배가 날뛸 것이옵니다."

명종은 곧 이량의 벼슬을 빼앗고 평안도 강계로 귀양 보냈어요.

이량은 1563년에 귀양지에서 죽고 말았어요.

그러나 조정의 어지러움은 끝나지 않았어요. 간신의 우두머리인

윤원형이 영의정으로 버티고 있었기 때문이에요.

의로운 도적, 임꺽정

이렇듯 간신들이 권력을 쥐고 있는 동안 백성들은 굶주림에

허덕였고, 농토를 잃고 떠돌이가 되었어요.

그중 일부는 산적이 되었는데, 그 산적 무리들을 모은 이가

바로 임꺽정이에요.

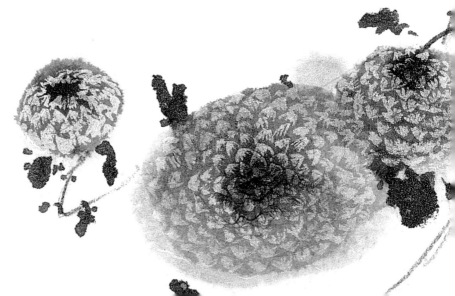

임꺽정은 경기도 양주의 백정 출신으로, 관아에 쳐들어가 빼앗은 곡식을
백성들에게 나눠 주어 의로운 도적으로 통했어요.
힘이 장사인 데다 날쌔고 용감하기까지 한 임꺽정은 여러 도적 무리들
중 가장 큰 세력을 가지고 있었어요.
"나라 꼴을 이렇게 만든 것은 양반들이다.
백성들이야 하루 종일 허리가 휘도록 일한 죄밖에 없다.
권력 놀음에만 빠져 있는 양반들을 벌하러 나설 것이다!"
특히 윤원형 무리들은 온갖 나쁜 짓을 저지르고 다녔어요.
백성들의 재산을 빼앗았고, 걸핏하면 관리들에게 돈을
요구했어요.
그러면 관리들은 백성들에게 세금을 더 걷었고,
때로는 죄 없는 백성들을 잡아다가 돈을 받고
풀어 주곤 했어요.
결국 백성들의 삶은 점점 더 어려워졌어요.

임꺽정도 처음에는 무리들과 도둑질을 일삼았어요.

동에 번쩍 서에 번쩍 전국을 휘젓고 다녔는데,

대여섯 명이던 무리는 곧 수십 명으로 늘어났어요.

'이 많은 사람들을 먹여 살리려면 관아를 털어야 해!'

임꺽정은 황해도 구월산에 본거지를 두고 관아를 습격하곤 했어요.

어느 늦은 밤, 조용한 길목 여기저기에 횃불이 나타나기 시작했어요.

하나씩 늘어나던 횃불은 어느덧 백여 개로 늘었어요.

횃불이 모두 관아 앞에 모이자 우렁찬 목소리가 들려왔어요.

"이 썩은 관리들아! 임꺽정이 왔다!

피눈물로 모은 백성들의 재산을 되찾을 것이다. 공격하라!"

시끄러운 소리에 단잠을 깬 관리들과 군인들은 깜짝 놀랐어요.

임꺽정이라는 말에 관리들은 몹시 놀라 도망쳤어요.

임꺽정은 관아의 곡식과 비단을 백성들에게 나누어 주었어요.

임꺽정이 못된 관리들을 혼내 준다는 소문이 돌자

백성들은 점점 임꺽정을 좋아하게 되었어요.

"우리 마을엔 임꺽정이 안 오나? 돈 내라고 쫓아다니는 통에 죽겠구먼."

"그러게 말일세. 임금보다 임꺽정이 더 나은 것 같네그려."

백성들은 매일같이 재물만 빼앗아 가는 관리 대신

임꺽정이 자신들을 지켜 주길 바랐어요.

그러자 관아에서는 어떻게든 임꺽정을 잡아넣으려고 눈에 불을 켰어요.

하지만 백성들이 나서서 임꺽정의 무리를 달아나게 도와주고 심지어는

숨겨 주기까지 하니, 관아에서는 매일 허탕을 칠 수밖에 없었지요.

조정에서는 임꺽정을 잡기 위해 온 힘을 기울였어요.

하지만 임꺽정의 무리가 얼마나 많은지, 어디에 있는지조차

제대로 알지 못했지요.

이제 임꺽정은 개성과 한양에서도 활동했어요.

1560년 8월, 조정은 임꺽정의 아내를 잡아들여 관비로

만들었어요.

"아내가 여기 잡혀 있으니 곧 한양으로 들어올 것이다.

모든 병력을 임꺽정을 잡는 데 보내도록 하라."

"그자 때문에 나라가 난리이니 어떻게 해서든 잡아야 한다!"

한편 임꺽정에게는 머리가 좋고 꾀가 많은

서림이란 부하가 있었어요.

임꺽정은 서림을 매우 아꼈지만

서림은 겁이 많은 사람이었어요.

그해 12월에 서림은 관군에게 붙잡혔어요.

관군의 협박에 서림은 임꺽정에 대해 모두 털어놓았어요.

"임꺽정은 자신의 아내를 구할 계획을 짜고 있을 뿐만 아니라

평산의 봉산 군수 이흠례를 칠 준비도 하고 있습니다."

조정은 즉시 500명의 군사를 평산 마산리로 보냈어요.

하지만 임꺽정 무리는 어렵지 않게 관군을 물리쳤어요.

관군 장수가 목숨을 잃었고, 말도 모두 빼앗기고 말았지요.

사태가 심각해지자 명종이 직접 나섰어요.

"황해도, 경기도, 평안도, 강원도, 함경도에 모두 장군을 보내라."

하지만 임꺽정 무리는 보란 듯이 계속 사건을 일으켰지요.

마침내 조정은 서림을 이용하기로 했어요.

서림을 앞세워 조금이라도 수상해 보이는 사람이 나타나면 무조건

감옥에 가두고 자백을 할 때까지 심하게 매질을 했어요.

"어서 자백해! 너, 임꺽정 무리지? 사실대로 말하면 살려 주마."

"아닙니다요. 저는 그냥 농사꾼이에요. 제발 살려 주세요."

한양에는 매질 소리와 신음 소리가 그칠 날이 없었어요.

하지만 임꺽정은 잡히지 않았어요.

모든 관청들은 임꺽정을 잡기 위해 온 힘을 쏟았어요.

임꺽정 무리가 훔친 물건을 팔지 못하게 하려고

시장을 열지 못하게 했고, 임꺽정을 돕지 않게 하기 위해

드디어 폐하까지 나섰군….

과연 잡을 수 있을까?

황해도 백성들에게는 세금을 없애 주기도 했어요.

"장이 서질 못하니 살림을 할 수가 없어요."

"대체 언제까지 임꺽정 잡는 일에만 매달릴 건지, 원."

백성들은 불안에 떨었어요.

28

조정에서는 백성들을 안심시키기 위해 관군을 거두고
대신 황해도와 평안도에서 임꺽정을 잡는 일을 도맡았어요.
그 후 1562년 1월, 마침내 군관 곽순수와 홍언성이
임꺽정이 숨어 있는 집을 알아냈어요. 그들이 거리를 좁혀 오자
임꺽정은 그 집에서 나와 도망을 쳐야 했지요.
임꺽정은 주인 노파를 불렀어요.
"내가 눈짓을 하면 '도둑이야.' 하고 소리를 지르시오."
잠시 후 임꺽정이 눈짓을 보내자 노파가 소리쳤어요.
"도둑이 달아났다! 도둑 잡아라!"
노파의 고함 소리에 군졸들이 모여들었어요.

▲ 임꺽정의 동상

강원도 철원군 고석정에 있어.

임꺽정은 민중의 영웅이었어.

30

그 순간 임꺽정이 군졸의 말을 빼앗아 타고 도망쳤어요.

그때 서림이 손가락으로 임꺽정을 가리켰어요.

"저자가 임꺽정이다! 저자를 잡아라!"

결국 임꺽정은 잡혔고, 15일 뒤에 죽임을 당하고 말았어요.

"저들이 무슨 잘못이냐. 도둑질을 할 수밖에 없게 만든 짐의 잘못이다."

명종은 임꺽정 사건이 일어난 까닭을 모두 자신의 탓으로 돌렸답니다.

문정 왕후의 죽음

문정 왕후는 불교를 믿으면서 승려 보우를 떠받들었어요.

보우에게 높은 벼슬을 내리도록 명종에게 요구했지요.

"보우 스님은 참 대단한 분이십니다. 그분을 만나면 세상의 이치가

보이지요. 그러니 높은 벼슬을 내리는 게 당연하지 않겠습니까?"

문정 왕후의 말대로 보우는 정말 뛰어난 승려였어요.

15세에 금강산 마하연암으로 출가하여 승려가 되었는데,

불경은 물론이고 주역과 유학에도 밝은 인물이었지요.

1548년에 보우는 문정 왕후의 명으로 봉은사 주지가 되었어요.

그 후 문정 왕후는 불교를 일으켰어요.

연산군 때 없앴던 승려 과거 제도도 다시 살렸지요.

"조선은 건국 초 태조 대왕 때부터 유학을 받들었나이다.

이제 와서 불교를 세우려 하다니 말도 안 되는 일이옵니다."

"나라의 기강을 무너뜨리는 요망한 보우를 내치시옵소서."

전국의 유생들이 벌 떼처럼 일어나 보우를 처벌하라고 요구했지만,

문정 왕후는 끝까지 보우를 지켜 주었이요.

명종은 그런 문정 왕후를 이해할 수 없었어요.

문정 왕후와 유생들이 서로 목숨을 걸고 맞서고 있는 가운데

명종은 어찌해야 할지 몰라 한숨만 내쉬었어요.

'어마마마께서 저토록 보우를 감싸시니 어쩌면 좋단 말인가……'

그런 가운데 문정 왕후가 명종에게 편지를 보냈어요.

보우의 벼슬을 더 올려 주라는 내용이었지요.

명종은 그 요구를 들어주기는커녕, 아무런 대답도 하지 않았어요.

그러자 문정 왕후는 명종을 찾아갔어요.

"감히 내 뜻을 거역하다니요. 참으로 대단하십니다, 주상."

목청껏 소리치던 문정 왕후는 왕의 뺨을 때리기까지 했어요.

그러나 이렇게 기세 좋던 문정 왕후도 세월 앞에서는 어쩔 수 없었어요.

1565년 4월 7일, 65세의 나이로 세상을 떠나고 말았으니까요.

문정 왕후가 죽자 백성들은 좋아서 춤을 추며 기뻐했어요.

"이제야말로 나라의 기강을 바로잡을 때가 왔소."

조정 대신들은 모두 한목소리로 간신들의 죄를 들추어냈어요.

"폐하, 보우와 윤원형을 극형에 처하고,

그와 함께 조정을 어지럽힌 자들을 모두 벌하셔야 하옵니다."

명종은 보우를 제주도로 귀양 보내고, 윤원형은 관직을 빼앗고

신분을 평민으로 떨어뜨리기로 했어요.

이 소식을 들은 윤원형은 정난정과 시골로 도망가 숨어 살았어요.

윤원형은 어느 날, 사람들이 수군거리는 소리를 들었어요.

"아, 글쎄, 윤원형의 전처 김씨 집안에서 윤원형과 정난정이

김씨를 독살했다고 고발했다지 뭐예요."

두려움에 떨던 윤원형은 정난정에게 굳은 표정으로 말했어요.

"머지않아 사람들이 우리를 알아보고 관아에 알릴 것이오.

나라에서 우리를 잡으러 오면 그때 함께 죽읍시다."

며칠 후, 윤원형은 밖에 나갔다가 문사도사가 자신들을
죽이러 오고 있다는 말을 들었어요. 얼른 집으로 달려간 윤원형은
미리 준비한 독술을 마시고 정난정과 함께 스스로 죽었어요.
하지만 문사도사가 오고 있다는 말은 어느 역졸의 농담이었어요.
이후 명종은 조정의 질서를 되찾는 데 힘썼어요.
하지만 문정 왕후로 인해 가슴앓이를 너무 많이 한 탓인지,
명종은 1567년 6월에 34세의 젊은 나이로 숨을 거두었어요.
더구나 대를 이을 세자도 없이 죽었으니 겨우 안정을 되찾은 조정에
다시 먹구름이 몰려오고 있었어요.

성리학의 큰 별, 퇴계 이황

이황은 1501년, 좌찬성을 지낸 이식의 막내아들로 태어났어요.

그런데 태어난 지 일곱 달 만에 아버지가 세상을 떠나는 바람에

이황은 홀어머니 밑에서 자라야 했어요.

"학문도 중요하지만 행실을 바르게 하는 것도 중요하단다."

이황은 어머니의 가르침대로 높은 학식과 바른 인품을 갖추었어요.

27세에 성균관에 들어갔고, 34세에는 승문원에서 벼슬을 했지요.

37세에 어머니가 돌아가시자 고향에서 삼년상을 치른 뒤

다시 홍문관 수찬이 되어 나랏일을 돌보았어요.

이황은 어려서부터 글 읽기를 좋아했어요.

책을 읽을 때는 언제나 바른 자세로 앉아 온 힘을 쏟아부었어요.

책을 한번 읽기 시작하면 열 번이고 스무 번이고 다시 읽어

책 속에 담긴 참된 뜻을 알기 전에는 그 책을 결코 놓지 않았어요.

이황이 서울에서 공부할 때의 일이었어요.

그해 여름은 몹시 무더워서 보통 사람들은 독서는커녕 서늘한 그늘을

찾아다니기에 바빴어요. 하지만 이황은 그런 날씨에도

아랑곳하지 않고 방문을 굳게 닫은 채 줄곧 책을 읽고 있었어요.

한 친구가 이황의 건강이 걱정되어 찾아왔어요.

"이 사람아! 건강도 생각하며 책을 읽게. 무더위에 그렇게 책을 읽다가는

건강을 해치게 될 거야. 나와 경치 좋은 곳으로 더위나 피하러 가세."

"아닐세. 책에는 무한한 진리가 담겨 있어서 읽을수록 힘이 솟는군.

더구나 이 책에는 학문을 하는 방법이 담겨 있네.

그 방법을 알고 나니 책을 읽는 데 더욱 흥이 나는군."

이처럼 이황의 독서법은 정확하고 꼼꼼했어요.

그는 제자들에게 독서법에 대해 이렇게 말했어요.

"정신을 집중하여 수없이 반복해 읽게. 내용이 몸에 배지 않으면

결코 그 내용을 실천할 수 없을 게야. 학문도 마찬가지라네."

그 즈음 이황은 주자학을 깊게 연구하여 광범위하고 산만하기만 하던

학문을 '퇴계학'이라는 이름으로 새로 탄생시켰어요.

책은 바른 자세로
거듭 읽어야 된다.

이황은 벼슬을 하면서도 항상 책을 마음껏 읽을 수 있는 생활을
그리워했어요. 중종 말년, 조정이 어지러워지자
이황은 고향으로 돌아왔어요.
그리고 을사사화 이후 병을 핑계로 46세의 나이에 관직을 버리고
고향 근처 낙동강에 양진암을 짓고 책 읽기에 힘썼어요.
그 뒤 몇 번 더 명종의 부탁으로 벼슬을 했지만,
다시 고향으로 돌아가 도산 서당을 짓고 제자들을 키웠어요.
명종은 고향에 내려가 있는 이황이 그리워 화공에게 도산 서당을
그려 오게 할 정도였다고 해요.
명종은 그 그림들을 보물처럼 여기며
병풍으로 만들어 곁에 두고 이황을 그리워했답니다.
그 후에도 명종은 끊임없이 이황을 불러들이려고 했지만,
이황은 그때마다 명종의 요청을 뿌리쳤어요.
이황의 나이 67세 때였어요.
명나라에서 사신이 오자 명종은 서둘러 이황을 불렀어요.
"그대는 조선의 자랑이다. 명나라의 사신에게 우리의 학문을
자랑하고 싶으니 서둘러 한양으로 오라."
이황은 어쩔 수 없이 한양으로 갔어요. 그리고 명나라 사신들에게
자신의 실력을 유감없이 발휘하여 명나라 사신들을 감탄하게 했지요.

선조가 왕위에 오른 뒤에 이황은 예조 판서 자리에 올랐지만,

이미 나이가 많았고 몸이 좋지 않아 고향으로 돌아갈 수밖에 없었어요.

하지만 선조는 이황의 능력을 아까워했어요.

"이황은 어서 한양으로 돌아와 짐을 도우라."

이황이 여러 번 물리쳤지만 선조는 그만둘 줄을 몰랐어요.

그는 68세의 나이로 대제학의 벼슬을 받았어요.

선조는 어려운 일이 있을 때마다 그를 불러 의논했어요.

이황은 '무진 6조소'라는 글을 선조에게 올려 정치적으로 중요한

문제들을 알리고자 했어요. 이후 건강이 나빠져 고향으로 돌아가게 되자,

선조에게 마지막으로 '성학십도'라는 상소문을 바쳤지요.

'성학십도'는 성리학과 관련된 중요한 책들의 내용을 요약한 후, 거기에

자신의 의견을 덧붙인 것이랍니다.

이것은 성리학 전부를 정리한 것으로, 깊은 이해가 없이는

도저히 쓸 수 없는 것이었어요.

고향으로 돌아온 이황은 이미 69세였어요.

불편한 몸이었지만 손에서 책을 놓지 않았어요.

이듬해 11월, 평소에 아끼던 매화를 보던 이황이 말했어요.

"누구 없느냐? 매화에 물을 주거라."

주위를 단정하게 정리한 이황은 꼿꼿하게 책상 앞에

앉았어요. 한참이 지나도 방에서 기척이 없자

이상하게 생각한 하인이 방 안으로 들어갔어요.

"대감마님, 매화에 물을 주었사옵니다."

하지만 이황은 대답이 없었어요.

그는 단정히 앉은 자세로 세상을 떠난 거예요.

이황의 단정함은 그의 생활 곳곳에 묻어 있었어요.

그는 법도를 지키는 일에 엄격하여

한 번도 도에 지나친 선물을 받은 적이 없었어요.

친한 이와 주고받은 선물은 맨 먼저 형님에게 나눠 보냈고,

그다음에는 이웃, 친척, 제자 들에게 골고루 나눠 주어서

결코 집에 쌓아 두는 일이 없었지요.

이렇게 이황은 학문뿐만 아니라 생활에서도 모범이

되었어요. 그래서 사람들은 모두 그의 죽음을

눈물 흘리며 안타까워했어요. 선조도 이황이 죽자

3일 동안 나랏일을 하지 않고 슬퍼했어요.

을사사화로 사림이 물러나다

중종의 뒤를 이은 인종과 그의 이복동생 명종의 왕위 계승 문제로 외척들이 서로 맞섰어요. 명종의 외척 윤원형 일파는 인종의 외척 윤임 일파를 없앴어요. 이것이 을사사화예요. 을사사화 이후 사림은 시골로 물러나 서원과 향약을 중심으로 세력을 넓혔어요.

❀ 지방에 서원이 세워지다

서원은 옛 학자들을 받들어 제사 지내고 그 덕을 따르고자 세운 곳으로, 지방 선비들이 모여 독서와 학문 연구에 힘썼어요. 또 서원을 중심으로 제자를 길러 그들의 학통을 이어 나갔지요.

서원은 도덕을 실천하고 학문을 펴기 위해 성리학을 널리 알리고, 지방 문화를 발달시키는 데 이바지했어요. 그러자 나라에서는 서원의 이름을 지어 주기도 했어요. 이러한 서원을 '사액 서원'이라고 하지요. 또한 나라에서 서원에 서적·토지·노비 등을 내주어 장려했어요. 이로 말미암아 지방 여러 곳에 많은 서원이 세워졌답니다.

▲ 이황이 제자를 가르치던 도산 서당

▲ 학문을 닦던 도산 서원 전교당

❀ 향약이 널리 퍼지다

서원과 함께 지방에서 사림 세력의 지위를 굳혀 준 것은 향약이에요. 향약은 어려울 때 서로 돕는 전통 위에 유교에서 꼭 지켜야 할 윤리를 덧붙여 시골을 올바르게 이끄는 것을 목적으로 만든 자치 규약이에요. 향약에서는 예의와 풍속을 서로 나누고, 어려울 때 서로 도와주는 것을 강조했어요. 16세기 후반에 이황과 이이 등의 노력으로 전국 곳곳에 널리 퍼지게 되었어요.

▲ 영남학파인 퇴계 이황　　▲ 기호학파인 율곡 이이

✿ 영남학파와 기호학파

조선의 성리학은 크게 주리론과 주기론으로 나뉘어 발달했어요. 주리론은 도덕 원리를 중히 여기는 학설인데 반해, 주기론은 경험의 세계를 중요시하는 학설이에요. 주리론은 이언적이 시작하여 이황이 체계를 이루어 완성하였고, 주기론은 서경덕이 처음 주장하고 이이가 크게 발달시켰어요.

✿ 붕당이 이루어지다

사림 세력이 빠르게 성장하여 마침내 정계의 주도권을 손에 쥐면서 붕당 정치가 시작되었어요. 붕당은 인사권을 가진 이조 전랑(이조의 정랑과 좌랑)의 자리를 놓고 사림이 동인과 서인으로 크게 나누어지면서 나타나기 시작했어요. 영남학파의 주요 세력은 동인이었으며, 그 후 정구·기자헌·정경세 등에 계승되었어요. 반면 기호학파의 중심 세력은 서인으로, 조헌·김상헌·김장생 등에게 이어졌어요.

한국사 돋보기

왜 임꺽정과 같은 의적이 생겼을까?

관리들은 풍년과 흉년을 제대로 살피지 않고 백성들로부터 마구잡이로 세금을 매기고 거두어들였어요. 관리들은 곡식을 많이 거두는 데에만 힘을 쓰느라 흉년이 들어도 흉년이 아니라 하고, 흉년을 겨우 면해도 대풍년이라고 해서 세금을 더욱 많이 거두어들였지요. 혹 살림이 어려워져 고을을 떠나는 농민이 생기면, 그 농민의 세금을 친척이나 이웃 사람들이 내야 했어요. 그러니 가난한 백성들은 당해 낼 수가 없었답니다.

▲ 임꺽정의 전설이 서려 있는 고석정

문정 왕후 때문에 가슴앓이를 한 인종과 명종

인종이 왕위에 오른 지 8개월 만에 갑자기 병으로 죽자 명종이 그 뒤를 이어 왕위에 올랐어요. 아직 12세밖에 되지 않은 명종은 나랏일을 제대로 돌볼 수 없었어요. 그래서 문정 왕후가 20년 가까이 왕이나 다름없는 권력을 휘두르게 되었지요.

❀ 하늘이 내린 효자, 인종

인종은 어머니인 장경 왕후가 일찍 죽었기 때문에 문정 왕후의 손에 자랐어요. 문정 왕후는 인종에게 못되게 굴었지요. 어느 날 밤, 세자비인 빈궁과 함께 잠이 든 인종은 뜨거운 기운 때문에 잠에서 깼어요. 주위를 둘러보니 동궁이 온통 불길에 휩싸여 있었어요. 인종은 빈궁을 깨워 밖으로 나가라고 하고 자신은 조용히 죽으려고 했어요.
인종은 동궁에 불을 지른 사람이 문정 왕후인 걸 알았던 거예요. 문정 왕후가 원하는 것이 자기가 죽는 것이라면, 그것을 행하는 것이 효도라고 생각한 것이지요.

❀ 짧은 통치 기간 동안 업적을 남긴 명종

1565년에 문정 왕후가 죽자, 명종은 윤원형 일파를 내쫓고 승려 보우를 죽여 불교를 억눌렀어요. 그리고 1562년 황해도에서 소란을 일으킨 임꺽정을 잡아 목숨을 거두었어요. 이에 앞서 1555년(명종 10)에 을묘왜변이 일어난 뒤 전함을 만들고 비변사(국방 문제를 맡은 임시 회의 기구)를 두어 국방 대책을 마련했어요.
한편 힘 있는 집안의 토지를 빼앗아 나누어 주었고, 을

▲ 명종과 명종의 비 인순 왕후 심씨의 능인 강릉 입구

사사화로 물러난 사림들을 다시 뽑아 쓰기도 했어요. 하지만 문정 왕후 때문에 가슴앓이를 많이 한 탓인지 34세의 젊은 나이로 세상을 떠났답니다.

1540

▲ 〈소학언해〉

명종 즉위 ➡ **1545** ⬅ 유럽의 가격 혁명

이언적, 〈소학언해〉 간행·반포

1549 ⬅ 프란시스코 사비에르,
일본에 크리스트교 전함

명에서 양명학 들어옴 ➡ **1550**

▲ 엘리자베스 1세

문정 왕후, ➡ **1553**
정권을 명종에게 넘김

을묘왜변 일어남 ➡ **1555** ⬅ 아우크스부르크
평화 협정

1556 ⬅ 인도, 아크발
대제 즉위

1558 ⬅ 영국,
엘리자베스
1세 즉위

임꺽정의 난 ➡ **1559**

임꺽정의 난

백정 출신으로, 처음에는 자신의
신분에 대한 불만을 품고 도둑
질을 일삼다가 계속된 흉년으로
관리의 부패가 심해지자 관아를
습격하여 곡식을 털어 빈민에게
나누어 주었어요.

위그노 전쟁

프랑스에서 신교도인 위그노와
가톨릭교도가 벌인 종교 전쟁이
에요. 1572년 성 바르톨로메오 학
살 사건으로 절정을 이루었어요.

> 임거정
> 또는 임거질정
> 이라고도 해.

이황, ➡ **1560**
도산 서당 세움

1562

문정 왕후 죽음 ➡ **1565** ⬅ 위그노 전쟁(~1598)
명종 죽음 ➡ **1567** ⬅ 에스파냐, 필리핀 차지함

> 30년이 넘는
> 기간 동안 여덟
> 차례나 전투가
> 벌어졌대.